Le Noë de Kimamila

Texte : Christian Lamblin
Illustrations : Jean-Noël Rochut

Deux niveaux de lecture

Lire des phrases : lecteur débutant
Lire un texte : lecteur confirmé ou adulte

Cet ouvrage est conforme à la nouvelle orthographe
www.orthographe-recommandee.info

Le papier de cet ouvrage est composé de fibres naturelles, renouvelables, recyclables et fabriquées à partir de bois provenant de forêts gérées de manière responsable et durable.

Nathan

SUPERC
NOËL

C'est bientôt Noël. Léo et Mélissa accompagnent leurs parents pour faire des courses dans un supermarché.

– Regardez ! s'écrie Léo. Il y a des sapins de Noël partout ! Lequel allons-nous acheter ?

– Celui-là ! répond Mélissa en montrant un grand sapin.

C'est bientôt Noël.
Léo a vu des sapins
au supermarché.

La maman a l'air ennuyé.
– Nous n'allons pas acheter de sapin cette année, dit-elle.
– Un Noël sans sapin, ce n'est pas un vrai Noël ! s'exclame Mélissa.
– Nous ne sommes pas obligés d'avoir un sapin dans la maison, répond la maman. Nous mettrons des guirlandes sur le petit sapin du jardin.
– Bon d'accord… murmure Mélissa. Et maintenant, si nous allions au rayon des jouets ?

Il n'y aura pas de sapin de Noël dans la maison de Léo et de Mélissa.

Un peu plus tard, les enfants rejoignent leurs parents à la caisse en criant.

– Papa, Papa ! s'exclame Léo. J'ai vu un super vélo. J'espère que le Père Noël va me l'apporter !

– Et moi, j'ai vu une poupée qui parle et un énorme ours en peluche, ajoute Mélissa.

Léo a vu un super vélo.
Mélissa a vu une poupée qui parle.

Une fois rentrés à la maison, Léo et Mélissa sortent dans le jardin et commencent à décorer le petit sapin.

– Ce n'est pas très beau, dit tristement Mélissa.

– Et nous n'avons même pas une étoile à mettre tout en haut !
Il y en a plein le ciel, et pas une pour nous ! proteste Léo.

Léo est triste. Il n'a pas d'étoile pour le petit sapin du jardin.

Il est tard, Mélissa et Léo sont couchés depuis longtemps. Soudain, une lumière qui vient du ciel se pose juste à côté de Léo et se transforme en un drôle de petit bonhomme habillé comme un lutin !

– Mais qu'est-ce que c'est que ça ! s'exclame Mélissa. On dirait un jouet ! C'est surement le Père Noël qui a perdu un de ses cadeaux !

Il est tard. Mélissa est dans son lit, Léo aussi. Kimamila arrive.

– Je ne suis pas un jouet, dit le bonhomme. Je suis un être vivant ! Je m'appelle Kimamila et je suis venu vous proposer un petit voyage.

– Un voyage ? s'étonne Mélissa. Où ça ?

– Là-haut ! Dans les étoiles ! dit Kimamila en montrant le ciel du bout de son doigt. Vous vouliez une étoile pour mettre sur votre sapin ? … Allons donc la chercher ensemble ! Donnez-moi la main et fermez les yeux.

« Je suis venu pour aller avec vous voyager dans les étoiles » dit Kimamila.

Sur ces mots, le petit bonhomme s'envole, entrainant avec lui les deux enfants aussi effrayés qu'émerveillés.

– Incroyable ! On vole, on vole ! répète sans cesse Léo.

Des éclairs multicolores tourbillonnent autour d'eux, ils sont entourés de milliers d'étoiles filantes.

Kimamila vole avec Léo et Mélissa, là-haut dans les étoiles.

– Qu'est-ce que c'est ? crie Léo.
On dirait un ballon avec des cerceaux autour.
– C'est la planète Saturne avec ses anneaux, explique Kimamila.
– Est-ce qu'on pourrait rapporter une étoile ? demande Mélissa.
– Moi je préfèrerais des cadeaux, déclare Léo. Si on allait chez le Père Noël ?
– Si vous voulez, répond Kimamila.
Mais alors, retour sur Terre !

Léo et Mélissa ont vu Saturne et ses anneaux.
Après ils partent chez le Père Noël.

Guidés par Kimamila, Mélissa et Léo arrivent en Laponie, là où habite le Père Noël. Ils se retrouvent devant un chalet rouge et blanc, dans un grand champ de neige au milieu des sapins.

– J'espère que le Père Noël est chez lui ! s'exclame Mélissa.

Kimamila tape un coup, deux coups, trois coups sur la porte du chalet qui s'ouvre toute seule, comme par magie…

Kimamila arrive avec ses amis chez le Père Noël.
Il tape sur la porte. Elle s'ouvre.

Dans le chalet, il y a des milliers de paquets sur des centaines de tables.
Mélissa se penche sur une étiquette et déchiffre lentement :
« Pour Mélissa et Léo,
de la part du Père Noël,
de Papa et de Maman. »
Léo n'a pas l'air content.
– Ces paquets sont trop petits.
Il n'y a surement pas de vélo à l'intérieur !

Mélissa lit : « Pour Mélissa et Léo, de la part du Père Noël, de Papa et de Maman. »

Mélissa regarde une poupée de tissu qui n'est pas encore emballée.

La petite fille qui va l'avoir va être déçue ! Elle sera triste, déclare Mélissa.

– Ce n'est pas sûr, corrige Kimamila. Si vous voulez, nous pouvons aller voir l'enfant qui aura ce cadeau à Noël. En route pour un autre voyage dans l'espace et dans l'avenir. D'accord ?

– D'accord, répondent Mélissa et Léo d'une seule voix.

Mélissa a vu une poupée de tissu : « La petite fille qui aura cette poupée sera triste. »

Nos trois amis sont repartis à la vitesse de la lumière. En arrivant, Léo et Mélissa sont surpris : ils pensaient être allés loin dans un pays d'Afrique ou d'Asie. Mais ils ont l'impression d'être tout près de chez eux, même s'il y a une grosse différence avec l'endroit où ils habitent.

Ils aperçoivent des caravanes garées en rond.

Près d'un feu, il y a deux enfants comme eux.

Les amis repartent et arrivent devant des caravanes.

Une petite fille joue avec une poupée de tissu. Elle sourit. À côté d'elle, un garçon plus âgé fabrique un berceau. Mélissa et Léo ne voient pas d'autres jouets sauf deux petites voitures, près du garçon.

– Vous voyez, dit Kimamila, ils n'ont pas été gâtés à Noël ! Et pourtant ils n'ont pas l'air déçus… Maintenant rentrons, ajoute Kimamila, vos parents vont s'inquiéter.

La petite fille a la poupée de tissu. Elle sourit. Il y a aussi des petites autos pour le garçon.

Le lendemain, c'est Noël. Mélissa et Léo ouvrent leurs cadeaux.

Mélissa a une poupée qui ne parle pas et Léo a des patins à roulettes.

– Vous n'êtes pas trop déçus ? s'inquiète Papa.

– Pas du tout, c'est super !

– Pourtant le Père Noël n'a pas pu vous amener exactement ce que vous aviez demandé !

– Ça nous est égal : c'est Noël et on vous aime !

À Noël, Mélissa a une poupée qui ne parle pas.
Léo a des patins à roulettes.

Les parents sont surpris de voir les décorations du sapin du jardin. Tout en haut, il y a une étoile qui brille comme un soleil.

– Où avez-vous trouvé cette magnifique étoile ? demande Maman.

– C'est un copain qui nous l'a donnée.

– Quel copain ? s'étonne Papa.

– Ça c'est un secret, disent les enfants en embrassant leurs parents.

Tout en haut du sapin de Noël,
il y a une étoile.
C'est l'étoile de Kimamila,
l'ami de Léo et Mélissa.

Doc

Des images à découvrir

Les planètes du système solaire

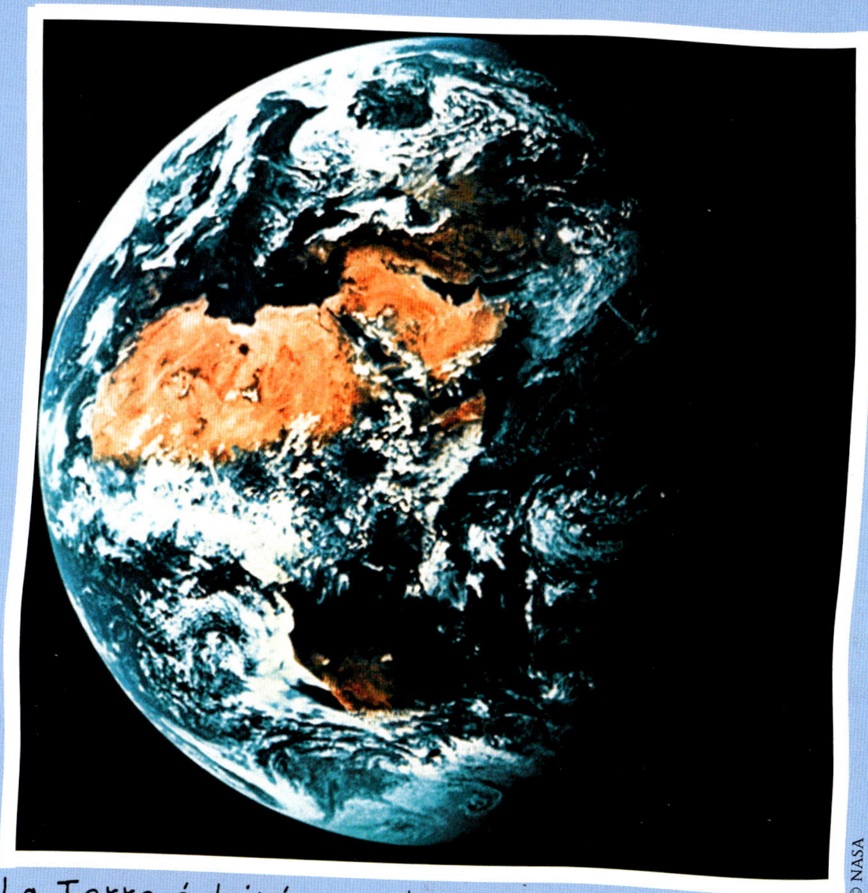

© NASA

La Terre éclairée par le Soleil

© Hoa-Qui

Une rue décorée pour Noël

Jeux

Trouve les 4 erreurs qui se sont glissées dans l'image n° 2.

1

2

Réponses : Il manque une boule dans la boite et le couvercle de la boite, la boule bleue en bas du sapin est devenue rouge et l'écharpe de Léo est devenue verte.

Remets les lettres en ordre pour découvrir ce que dit Kimamila.

Réponse : Je suis votre pilote.

Remets les étiquettes en ordre pour construire 2 phrases.

1. Noël, | Pour | vélo. | un | Léo | demandé | a

2. Père Noël. | chez | arrive | amis | Kimamila | avec | ses | le

Réponses : 1 : Pour Noël, Léo a demandé un vélo.
2 : Kimamila arrive avec ses amis chez le Père Noël.

Vrai ou faux ?

1. Au supermarché, les parents de Léo et Mélissa achètent un sapin de Noël.

2. Kimamila est l'ami de Léo et Mélissa.

3. Mélissa et Léo ont vu Saturne et ses anneaux.

4. Mélissa et Léo arrivent chez le Père Noël.

5. Pour Noël, Mélissa a une poupée qui parle.

Conforme à la loi du 16 juillet 1949 sur les publications destinées à la jeunesse
Dépôt légal : Février 2007 - ISBN : 978-2-09-121667-6
Imprimé en France par IME by Estimprim - N° d'éditeur : 10227138 - Juin 2016

Réponses : 1 = F ; 2 = V ; 3 = V ; 4 = V ; 5 = F.